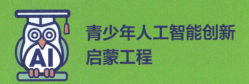

青少年人工智能创新启蒙工程

AI奇妙探险
逻辑初启 第1册

方海光 郑志宏 ｜总主编
李会然 肖明 姜志恒 ｜主编

人民邮电出版社
北京

图书在版编目（CIP）数据

AI 奇妙探险：逻辑初启 / 方海光，郑志宏总主编；李会然，肖明，姜志恒主编. -- 北京：人民邮电出版社，2024. -- ISBN 978-7-115-65124-2

Ⅰ．G624.583

中国国家版本馆 CIP 数据核字第 20241WX215 号

内 容 提 要

本书是专为小学低年级的学生设计的人工智能启蒙书，旨在通过一系列富有趣味性和互动性的实践活动，引导学生体验并理解人工智能领域中的逻辑基础知识。本书不依赖任何电子设备，注重培养学生的逻辑思维能力和创造力，为他们进一步学习人工智能领域的知识打下坚实的基础。本书适合小学低年级学生阅读。

◆ 总 主 编　方海光　郑志宏
　　主　　编　李会然　肖　明　姜志恒
　　责任编辑　王　芳
　　责任印制　马振武
◆ 人民邮电出版社出版发行　北京市丰台区成寿寺路 11 号
　　邮编 100164　电子邮件 315@ptpress.com.cn
　　网址 https://www.ptpress.com.cn
　　涿州市般润文化传播有限公司印刷
◆ 开本：787×1092　1/16
　　印张：5　　　　　　　　　2024 年 9 月第 1 版
　　字数：42 千字　　　　　　2025 年 1 月河北第 3 次印刷

定价：30.00 元
读者服务热线：(010)53913866　印装质量热线：(010)81055316
反盗版热线：(010)81055315
广告经营许可证：京东市监广登字 20170147 号

专家委员会

安晓红	边 琦	蔡 春	蔡 可	柴明一	陈 梅	陈 鹏	杜 斌
傅树京	郭君红	郝智新	黄荣怀	金 文	康 铭	李 锋	李怀忠
李会然	李 磊	李 猛	刘建琦	马 涛	陕昌群	石群雄	苏 宁
田 露	万海鹏	王海燕	武佩峰	武瑞军	武 装	薛海平	薛瑞玲
张 蓓	张 鸽	张景中	张 莉	张 爽	张 硕	周利江	朱永海

编委会

白博林	鲍 彬	边秋文	卞 丽	曹福来	曹 宇	曾月莹	崔子千
戴金芮	单楷罡	邓 洋	董传新	杜 斌	方海光	高桂林	高嘉轩
高 洁	郭皓迪	郝佳欣	郝 君	洪 心	侯晓燕	胡 泓	黄颖文惠
季茂生	姜 麟	姜志恒	焦玉明	金慧莉	康亚男	孔新梅	李福祥
李 刚	李海东	李会然	李 炯	李 萌	李 婷	李 伟	李泽宇
栗 秀	梁栋英	刘慧薇	刘 娜	刘晓烨	刘学刚	刘振翠	卢康涵
吕均瑶	马 飞	马小勇	满文琪	苗兰涛	聂星雪	裴少霞	彭绍航
彭玉兵	任 琳	陕昌群	尚积平	师 科	石 磊	石群雄	舒丽丽
唐 淼	陶 静	田 露	田迎春	涂海洋	万 晶	汪乐乐	王彩琴
王丹丹	王 健	王 青	王秋晨	王显闯	王晓雷	王馨笛	王雁雯
王 雨	魏嘉晖	魏鑫格	瓮子江	吴 昊	吴 丽	吴 俣	武佩峰
武 欣	武 艺	相 卓	肖 明	燕 梅	杨琳玲	杨青泉	杨玉婷
姚凯珩	叶宇翔	殷 玥	于丽楠	袁加欣	张 东	张国立	张海涛
张 慧	张京善	张 柯	张 莉	张明飞	张晓敏	张 旭	张 禹
张智雄	张子红	赵 芳	赵 森	赵 山	赵 昕	赵 悦	郑长宏
郑志宏	周建强	周金环	周 敏	周 颖	朱庆煊	朱婷婷	

序

在当今信息技术迅猛发展的背景下,人工智能(AI)已成为推动社会进步的关键力量。向中小学生普及人工智能相关知识,培养适应未来社会的创新人才,是新时代人工智能发展的必然要求。

本套书致力于开展人工智能普及教育,重点培养学生的逻辑思维、批判精神和问题解决能力,引导学生掌握人工智能基本知识、认识人工智能在信息社会中愈发重要的作用、运用人工智能技术解决生活与学习中的问题。通过本套书的学习,学生能够获得人工智能的基本知识、技能、应用能力,在运用人工智能技术解决实际问题的过程中,成长为具有良好的信息意识、计算思维、创新能力以及社会责任感的未来公民。

本套书的学习内容均来自真实的生活场景,以问题引入,以活动贯穿,运用生动活泼、贴近生活的案例进行概念阐述。其中,每单元的开篇设置生动的单元情景、明确的单元主题、递进的学习目标、可供参考的学习工具,学生可以根据学习主题和目标合理安排学习进度,设定预期的学习效果。

同时,本套书还注重结合小学生的学习特点,避免了单纯的知识传授与理论灌输。本套书在编写过程中围绕学生在学校、家庭、社会中的所见所闻展开学习活动，采用体验式学习、项目式学习与探究性学习的形式，在阐述概念和理论的基础上，提升学生的学习兴趣，加强学生对人工智能的理解。

本套书共十二册，内容由浅入深，从基础逻辑知识，到数据和算法，最后到物联网和开源鸿蒙，每册都有不同的主题。本套书适合小学阶段各年级学生阅读，要求学生亲自动手完成书中的活动，让学生感受人工智能技术给人们生活带来的美好。

本套书得以完成，十分感谢来自北京、沈阳、成都等不同地区的学科专家和一线教师，他们具有丰富的教育教学经验，部分内容经过了多轮教学实践，从而保证内容的实用性和科学性。特别感谢专家委员会的倾力指导，专家们对本套书的内容选择、展现形式、学习方式、评价交流等都提出了很多宝贵的建议，极大提高了本套书的内容质量。还要感谢编辑老师及出版团队，为本套书的审校、出版、发行等工作提供了大力支持。

囿于作者能力，本套书难免存在不完善甚至错误之处，敬请广大读者批评指正。

总主编 方海光

前 言

在这个数字化的时代，我们被各种数字和代码包围。然而，对于孩子们来说，这些数字和抽象的代码非常枯燥乏味。为了激发他们对数字的兴趣，培养他们对科技的热爱，我们编写了这本科普图书，旨在通过一系列富有趣味性和互动性的实践活动，让孩子们在玩乐中学习，在学习中成长。

这是一本专为一年级孩子们设计的人工智能科普图书，它以数字为核心，通过一系列精心设计的活动，带领孩子们进入一个充满想象和探索的数字世界。在这里，数字不再是冰冷的符号，而是通往知识宝库的钥匙，是解开谜题的线索，是创造艺术的工具。

在"寻宝智慧谷——认识二进制"单元，孩子们将进入神奇的二进制世界。通过简单的0和1，孩子们将学会如何用二进制来表示复杂的信息，理解计算机是如何运用0和1来处理数据的。

在"像素王国——体验像素"单元，孩子们将了解数字在图像和设计中的应用。通过体验像素艺术，孩子们将感受到数字的美学魅力，激发他们的创造力。

在"魔法森林寻宝藏——体验验证码"单元，孩子们将通过体验生活中遇到的大部分验证方式，来学习验证码的基本概念。这些互动性强的活动不仅可以提高孩子们的观察力和逻辑能力，也可以锻炼他们的耐心和细心。

在"压缩与解压缩"单元，孩子们将了解数据压缩技术的重要性和实用性。通过探究编码表、剪纸和整理衣物等实践活动，孩子们可以直观地感受压缩技术的奇妙之处，理解它在日常生活中的应用。

在完成书中活动的过程中，孩子们需要运用逻辑思维和推理能力，才能解开一个个谜题。这些活动不仅可以提高孩子们的思考能力，还能增强他们解决问题的信心。

本书以孩子们的好奇心为驱动，以创新的教学方法为工具，以实践和探索为途径，带领他们一步步了解数字的奥秘。我们希望本书不仅能够帮助孩子们学习数字知识，还能够激发出孩子们对科技的热爱、对创新的追求，以及面对未来挑战的勇气和智慧。

让我们一起期待孩子们在这次旅程中的成长和突破。

主编 李会然

目 录

第 1 单元

寻宝智慧谷——认识二进制 ················· 10

第 1 课　神秘的峡谷——初识 0 和 1 ············· 11

第 2 课　变身智慧小精灵——制作二进制作品 ········ 15

第 3 课　茂密的森林——抽卡游戏体验进位 ········· 18

第 4 课　解密通关密码——探寻密钥 ············ 23

单元总结 ···························· 27

第 2 单元

像素王国——体验像素 ···················· 28

第 1 课　进入像素王国——认识像素 ············ 29

第 2 课　身份卡与能量块——像素画 ············ 32

第 3 课　神秘之门的钥匙——坐标与位图 ·········· 35

第 4 课　神秘之门开启——人工智能与像素 ········· 38

单元总结 ···························· 40

第 3 单元

魔法森林寻宝藏——体验验证码 …………………… 41

第 1 课　进入魔法森林——数字验证 ………………… 42

第 2 课　遇见机器人朋友——汉字验证 ………………… 46

第 3 课　进入神秘之境——图像验证 ………………… 50

第 4 课　探索智能宝藏——组合验证 ………………… 55

单元总结 ………………………………………………… 60

第 4 单元

压缩与解压缩 …………………………………………… 61

第 1 课　生活中的数字真奇妙——初识压缩 ………… 62

第 2 课　你来写我来猜——初识解压缩 ……………… 66

第 3 课　大家一起来剪纸——体验压缩、解压缩的一般过程 ………………………………………… 69

第 4 课　我的衣服有多大——体验压缩、解压缩的一般过程 ………………………………………… 73

单元总结 ………………………………………………… 79

第1单元
寻宝智慧谷——认识二进制

单元背景描述

在"智慧谷"中,有一群热爱计算机科学的小冒险家。他们得知:智慧谷深处藏有一本可以使人精通计算机科学的神秘宝典。为了寻找神秘宝典,他们踏上了一段充满挑战的旅程。

第1单元 寻宝智慧谷——认识二进制

第1课 神秘的峡谷——初识0和1

活动目标

1. 知道具有两面性的事物可以用0和1表示；
2. 了解仅用0和1可以排列出不同的数字组合。

活动内容

小冒险家们来到了一片神秘的峡谷，只有完成闯关才能找到前行的路线，加油吧！

〈活动 1 连连看

活动规则：把相互对应的图片连接在一起。

例如：

试一试：

AI 奇妙探险：逻辑初启

〈活动 2 排一排

物品居然显露出了奇怪的数字！

活动规则：写一写物品排序表示的数字吧！

第 1 单元　寻宝智慧谷——认识二进制

例如：

答案是：1　1　1　0

试一试：

答案是：

答案是：

AI 奇妙探险：逻辑初启

活动 3 寻找快速逃生路线

活动规则：根据岩石上的提示，在迷宫上画一画走出峡谷的路线吧！

知识点总结拓展

通过本节课的学习，同学们已经能够利用0和1表示生活中具有两面性的事物，还能够用0和1进行排列，组成不同的组合找到通关的路线。

神秘的计算机科学世界中，也用0和1来表示，感兴趣的同学课后问一问家长，那是什么呢？

第1单元 寻宝智慧谷——认识二进制

第 2 课　变身智慧小精灵——制作二进制作品

活动目标

1. 创作具有两面性的作品，能用 0 和 1 表现作品的两面性；
2. 通过制作作品，进一步了解二进制。

活动内容

小冒险家们，你们真厉害！恭喜你们闯过"神秘的峡谷"关卡，来到智慧谷的大门。我是智慧谷的智慧小精灵，是整个峡谷中智慧的代表，负责守卫智慧谷的大门。想通过我这一关，获取计算机科学世界的神秘宝典，需要用到你们的智慧、想象力和创造力。

敢接受挑战吗？来吧！

〈活动 1 画一画

活动规则：读取第一幅图片的信息，在旁边的框内，画出和第一幅图意思相反的内容。

AI 奇妙探险：逻辑初启

‹ 活动 2 做一做

活动规则：发挥想象力和创造力，在下面的两个图形中分别画出相反的内容，并用 0 和 1 分别表示。按照外框剪下来，将背面贴在一起，这就是你通关的第一张卡牌。

‹ 活动 3 做一做

活动规则：现在挑战难度加大，只有一个图形了，你能在一个图形中画出相反的内容吗？画完后将图形沿着圆边剪下来,这是你通关的第二张卡牌。

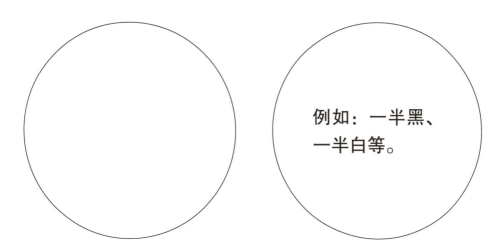

例如:一半黑、一半白等。

小冒险家们,你们已经通过 2 个关卡了,看看你手中的两张卡牌,分别是什么形状的?这两张卡牌你能用 0 和 1 表示吗?说一说这样表示的原因。

温馨提示:本课获得的两张卡牌要保留好,在后面的关卡中它们将起到通关的决定性作用。

知识点总结拓展

你们能用自己的想象力创作出精美的作品,并且能用 0 和 1 进行表示,你们真了不起。

生活中很多对立的事物都可以用 0 和 1 来表示,如"圆"用"0"来表示,"方"(正方、长方)用"1"来表示等。赶紧找一找吧!

AI 奇妙探险：逻辑初启

第 3 课　茂密的森林——抽卡游戏体验进位

活动目标

1. 在制作游戏道具的过程中，加深对二进制中 0 和 1 概念的理解；
2. 了解二进制中的进位。

活动内容

小冒险家们来到了一片茂密的森林，看守森林的守卫拦住了他们的去路，想要走出森林就必须接受挑战。

‹ 活动 1 做一做

活动规则：小冒险家们 4 人为一个小组，每人准备一张白色 A4 纸、一支铅笔、一把安全剪刀。

第1单元 寻宝智慧谷——认识二进制

把纸进行两次对折,平均分成4份,用剪刀剪开。

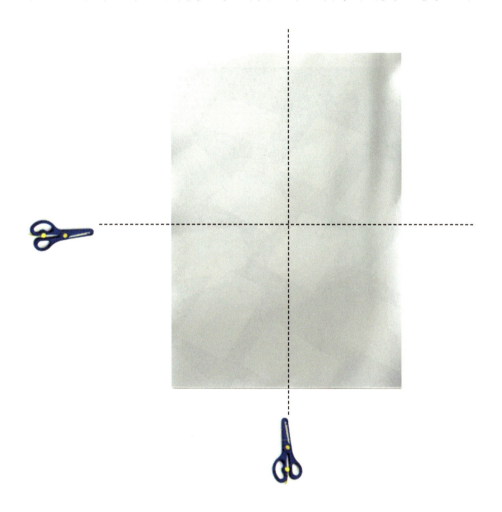

用铅笔在这4张小卡片上分别写上0、0、0、1。

AI 奇妙探险：逻辑初启

小冒险家们把每个人的卡片都放在桌子上，卡片背面朝上。

‹活动 2 抽卡大作战

活动规则：4名成员依次抽卡片，每局每人有两次抽卡的机会，如果抽到两张卡片都是"1"，可获得一颗蓝色宝石；如果抽到一张卡片"0"和一张卡片"1"，则获得一颗红色宝石；如果抽到两张卡片都是"0"，则不获得宝石。

第 1 单元 寻宝智慧谷——认识二进制

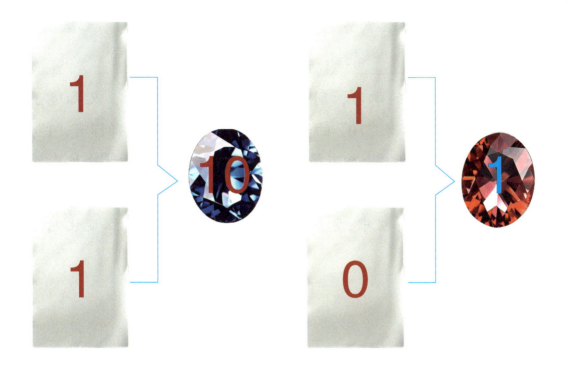

想要挑战成功，就必须获得 3 颗蓝色宝石和 2 颗红色宝石（如果卡片都抽完了，再把这些卡片背面朝上放回桌面，继续挑战）。

小冒险家们，请在你获得的宝石下方的方框内画"√"。

知识点总结拓展

通过本节课的学习，同学们既锻炼了动手能力，又知道了"1+1"能获得标有"10"的蓝色宝石，"1+0"能获得标有"1"的红色宝石，"0+0"却不能获得宝石。这其实就是计算机中的二进制加法运算规则：1+1=10、1+0=1、0+0=0。

在神奇的计算机中，更多的0和1组合又会发生什么变化呢？

第 1 单元　寻宝智慧谷——认识二进制

第 4 课　解密通关密码——探寻密钥

活动目标

了解二进制表示的方法，在制作过程中加深对二进制的理解。

活动内容

小冒险家们，神殿就在眼前，神秘宝典就在神殿之中，打开神殿的大门需要一长串的密钥。这串密钥藏在前面各关的信息中。准备一个密钥盒和连接密钥的线，开始解码旅程。

〈活动 1　宝石密钥探寻

在第 3 课获得的宝石是不是还在你的口袋里？请拿出来，它是密钥的一部分，大家一起把宝石中的密钥找出来吧！

AI 奇妙探险：逻辑初启

把 5 颗宝石剪下来，放到密钥盒中，继续寻找第二部分密钥。

活动 2　宝珠密钥探寻

下面有 7 颗宝珠，从左到右，按照颜色深浅依次涂满。然后根据解码规则获得第二部分密钥。

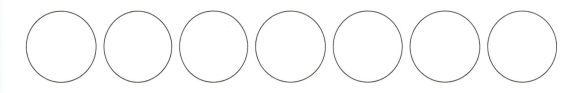

密钥解码规则：7 颗宝珠，根据颜色深浅分两组，浅色标 0，深色标 1（答案不唯一）。

解码后，把 7 颗宝珠剪下来，放到密钥盒中，再寻找第三部分密钥。

活动 3　卡牌密钥探寻

第三部分密钥是小冒险家们在第 2 课获得的两张卡牌，拿出来放到密钥盒中。

现在三部分密钥已经集齐，需要把它们组合起来，形成密钥串才能打开神殿的大门。

密钥串联：用牙签把各个密钥中间扎一个孔，首先取出其中一张卡牌作为第一个密钥数字，串在密钥线上；

其次取一颗宝珠出来,其他按照宝珠、宝石、宝珠……交替串在密钥线上,直到串完;最后串另一张卡牌和宝珠。

最后,把卡牌、宝石、宝珠对应的数字按刚才排列的顺序写到下面的横线上,这就是开启神殿大门的密钥。

密钥:_____

密钥是一个17位(说明:通过5颗宝石获得8位密钥+通过7颗宝珠获得7位密钥+通过2张卡牌获得2位密钥,共计17位)的0和1组成的二进制码。

恭喜小冒险家们打开了神殿的大门,获得了神秘宝典。

AI 奇妙探险：逻辑初启

知识点总结拓展

　　本节课以解密"密钥"的形式了解了二进制的算法规则和表示方法，对二进制有了初步的认识。

　　现代的计算机和依赖计算机的设备都使用二进制，因为二进制只有两个数码0和1，运算规则非常简单。

第1单元 寻宝智慧谷——认识二进制

单元总结

通过本单元的学习,你对以下知识掌握了多少呢?动手涂一涂吧!

课时	评价指标	星级指数
第1课 神秘的峡谷—— 初识0和1	积极参与闯关挑战	☆☆☆☆☆
	与同学分享我的方法	☆☆☆☆☆
	闯过所有关卡	☆☆☆☆☆
第2课 变身智慧小精灵——制作二进制作品	发挥创造力和想象力	☆☆☆☆☆
	创意得到同学认可	☆☆☆☆☆
	顺利闯过三关	☆☆☆☆☆
第3课 茂密的森林—— 抽卡游戏体验进位	积极制作卡片	☆☆☆☆☆
	与同学配合抽卡片	☆☆☆☆☆
	完成挑战	☆☆☆☆☆
第4课 解密通关密码—— 探寻密钥	解码能力超强	☆☆☆☆☆
	成功写出密钥	☆☆☆☆☆

第 2 单元
像素王国——体验像素

单元背景描述

随着魔方的转动，小冒险家们穿越到了像素王国。要在这里生存下去，首先要熟悉这个世界的规则，找到自己的身份卡片。有一天，神秘之门出现，小冒险家们要通过自己的努力找到神秘之门的钥匙，回到现实世界，在这场奇遇中他们会发现什么呢，一起去看看吧。

第 1 课　进入像素王国——认识像素

活动目标

1. 初步认识像素；
2. 了解像素与图像的关系。

活动内容

地上突然出现了一个模糊的东西，上面有神秘的数字，代表什么呢？

〈活动 1〉神秘数字

活动规则：数一数，填一填，说出图中神秘数字代表什么？

1. 数一数：图中的两个 5 分别代表什么？

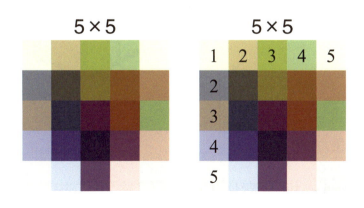

AI 奇妙探险：逻辑初启

2. 填一填：括号中可以填上哪个数字？

（ ）×（ ）

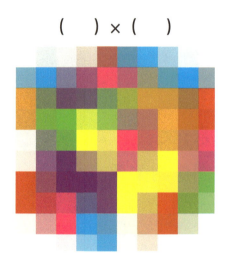

3. 我发现：小方块越（ ），呈现的样子就越（ ）。

24 × 24

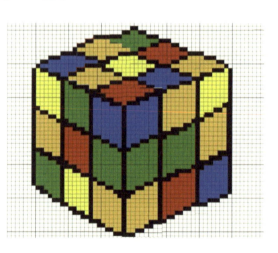

‹活动 **2** 连连看

活动规则：把像素图和卡通图连在一起。

第 2 单元　像素王国——体验像素

原来像素王国的物体都是由小方块组成的。

知识点总结拓展

通过本节课的学习，同学们认识了像素，并且知道了像素与图像的关系。

说一说生活中能见到的像素。

AI 奇妙探险：逻辑初启

第 2 课　身份卡与能量块——像素画

活动目标

1. 了解什么是像素画；
2. 能够绘制简单的像素画。

活动内容

像素王国每个人都有自己的身份卡。得到能量块才能找到神秘之门。

《活动 1》绘制身份卡

活动规则：选择一个自己喜欢的人物，在方格中绘制出和他一样的身份卡。

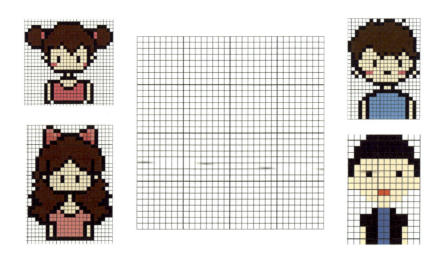

活动 2 得到能量块

像素王国的能量块是各种水果。

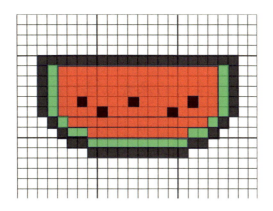

活动规则：先在方格中绘制出西瓜，再用小方块创造出更多的能量块。

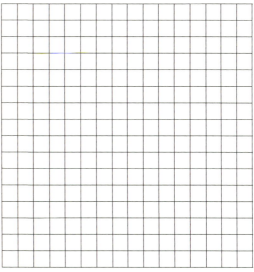

AI 奇妙探险：逻辑初启

知识点总结拓展

通过本节课的学习，你们知道了像素画是由小方块（像素）描绘出的图像，它有明确的边界、明快的色彩，并且学会了绘制像素画。

你能设计一幅自己喜欢的像素画吗？

第3课 神秘之门的钥匙——坐标与位图

活动目标

1. 学会找坐标；
2. 能根据坐标涂色完成作品。

活动内容

像素王国突然出现了一扇神秘之门，需要完成任务才能找到打开神秘之门的钥匙。

〈活动 1〉 找一找

这是一张有坐标的纸，你能找到 a1 吗？

活动规则：根据坐标线索找到 a1。

	a	b	c	d
1				
2				
3				
4				

AI 奇妙探险：逻辑初启

只要先找到上方字母 a 对应的一列小方块，再在左侧找到数字 1 对应的一行小方块，圈一圈，两个圈交叉的部分就是 a1 了！

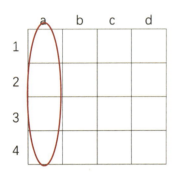 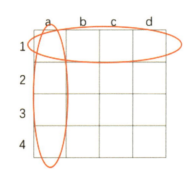 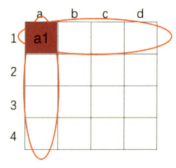

活动 2 找一找，涂一涂

恭喜你已经掌握找到坐标位置的能力！

活动规则：找到下面坐标所对应的小方格并涂上颜色。

黑色：
5J、5K、5M、5L
6H、6I、6N、6O
7G、7P
8G、8P
9F、9Q
10F、10Q
11F、11Q
12F、12Q
13G、13P
14G、14P
15H、15I、15N、15O、15P
16J、16K、16L、16M、16P、16Q
17Q、17R
18R、18S
19S、19T
20U、20V
21U、21V

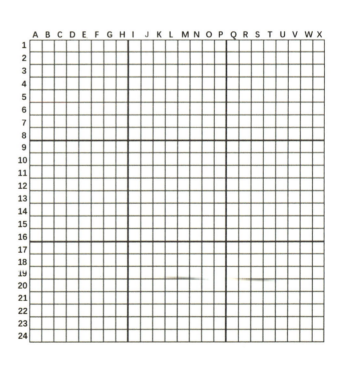

第2单元 像素王国——体验像素

放大镜出现了！你还需要更强的识别能力，继续加油！

蓝色
9C~11C
3D
9H~12H
9I、12I
9J、12J
9K~12K
9P~11P

黑色
5A~13A
4B、7B-12B、14B
2C~4C、7C、8C、12C、14C
2D、4D、6D、8D~12D、14D
2E~5E、8E-14E
4F、7F、14F
3G、4G、6G、9G~12G、15G
2H、4H、6H、8H、13H、15H
1I、4I、6I、8I、10I、11I、13I、15I

1J、4J、6J、8J、10J、11J、13J、15J
1K、4K、6K、8K、13K、15K
2L、4L、6L、9L~12L、15L
3M、4M、7M、14M
4N、5N、8N~14N
4O、6O、8O~12O、14O
4P、7P、8P、12P、14P
4Q、7Q~12Q、14Q
5R~13R

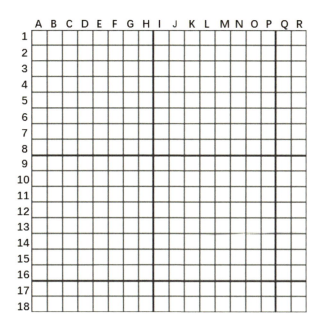

知识点总结拓展

通过本节课的学习，同学们能够根据坐标线索找到像素位置，画出一幅完整的像素画。其实在位图中，每一个像素都有它自己固定的位置。

第4课　神秘之门开启——人工智能与像素

活动目标

1. 进一步理解同样大小的图片，包含的像素越多，图片越清晰；
2. 了解分辨率与位图关系。

活动内容

恭喜你找到了打开大门的钥匙！门后是一些碎片。

❬活动 ❶ 涂一涂，比一比

活动规则：

1. 按照序号将碎片涂上相应的颜色。
2. 比一比两张图片哪个更清晰。

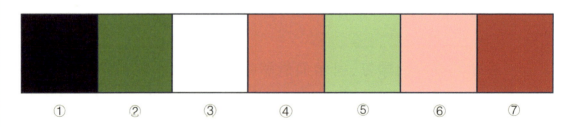

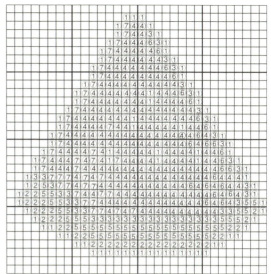

知识点总结拓展

分辨率和像素是密切相关的。分辨率是图像所含像素的多少。一定范围内，单位面积的像素越多，分辨率越高，影像效果越清晰。人工智能（AI）可以通过解析图像，提高图像的分辨率，从而使图片更加清晰。这一技术被应用于照片修复领域。AI 的到来给像素王国带来了未来发展的无限可能，为像素赋予新的生命，AI 通过神经网络可以生成令人生叹的艺术作品。随着科技的发展，我们可以预见，在未来某一天，AI 和人类的创造力将无缝重合。艺术家和 AI 可以合作创造出更多的奇迹。

AI 奇妙探险：逻辑初启

单元总结

通过本单元的学习，你对以下知识掌握了多少呢？动手涂一涂吧！

课时	评价指标	星级指数
第1课 进入像素王国—— 认识像素	认识像素	☆☆☆☆☆
第2课 身份卡与能量块—— 像素画	自己绘制像素画	☆☆☆☆☆
第3课 神秘之门的钥匙—— 坐标与位图	找到坐标位置	☆☆☆☆☆
	根据坐标涂色完成作品	☆☆☆☆☆
第4课 神秘之门开启—— 人工智能与像素	了解人工智能在图像处理领域的发展情况	☆☆☆☆☆

第 3 单元
魔法森林寻宝藏——体验验证码

单元背景描述

来自未来的机器人发现了一片魔法森林,为了防止魔法森林被 E 星人破坏,它向小魔法师寻求帮助,帮助它寻找一件拥有无尽智慧的神秘宝物,这件神秘宝物被称作"智能宝藏"。

AI 奇妙探险：逻辑初启

第1课　进入魔法森林——数字验证

活动目标

了解数字验证码。

活动内容

小魔法师们沿着地图上的线索，到达了魔法森林。守门的小精灵说，为了防止 E 星人闯入魔法森林，设置了验证码，只有找到魔法森林的验证码，确认魔法师的身份，才能打开通往魔法森林的大门。

小魔法师们通过游戏证明自己的身份吧！

第3单元 魔法森林寻宝藏——体验验证码

活动 1 数字计算

小魔法师们，E星人非常狡猾，为了防止E星人进入魔法森林，我们要加大难度啦！

〈 活动 ❷ 数字验证

$6 + 5 - 4 = ?$

$7 - 2 + 3 = ?$

$9 - 5 + 6 = ?$

$5 + 9 - 2 = ?$

第3单元 魔法森林寻宝藏——体验验证码

身份认证：

把4个答案像糖葫芦中的山楂一样串起来，形成了一串数字，这串数字就是可以验证身份的验证码，正确的验证码对应着魔法世界的图腾，把正确的验证码及图腾圈画出来，就可以完成身份验证，进入魔法森林的大门。

781112　　　　　781110

781012　　　　　781210

知识点总结拓展

本节课初步学习了数字验证码，同学们通过识别数字并进行简单的加减计算来验证魔法师的身份。

验证码的主要目的是区分用户是人类还是计算机。

第 2 课　遇见机器人朋友——汉字验证

活动目标

了解汉字验证码。

活动内容

　　小魔法师们太棒了，恭喜你们进入魔法森林，但这只是刚刚开始，后面还会有更多关卡等着你们。为了找到神秘的智能宝藏，一定要证明自己魔法师的身份，快去探

第3单元　魔法森林寻宝藏——体验验证码

险吧！

这就是来自未来的机器人吗？

它怎么被困在了这里，大家要怎样帮助他呢？快跟着小精灵去看看吧！

机器人的程序被小魔兽恶意入侵了，大家要通过关卡，找到正确的文字验证码重新激活机器人，小魔法师们加油吧！

活动 1　汉字听我说

活动规则：观察下面的汉字，找出所有带"艹"的汉字，并依次写在括号内。

AI 奇妙探险：逻辑初启

1. （　　）　　2. （　　）　　3. （　　）
4. （　　）　　5. （　　）　　6. （　　）

看来常见的汉字验证已经难不到你们啦，来试试升级版吧！

活动 2　汉字听我说

活动规则：观察下面的汉字，找到可以组成词语的汉字，并将词语写在括号内。

第3单元 魔法森林寻宝藏——体验验证码

1. (　　)　　2. (　　)　　3. (　　)
4. (　　)　　5. (　　)　　6. (　　)

小魔法师们太厉害了！恭喜你们成功通过汉字关卡，重新激活了机器人！

知识点总结拓展

验证码在一定程度上提高了安全性。

当你在网上购物，平台结算额度过大时，为了确保账户安全，常常需要在支付前输入验证码。

第 3 课　进入神秘之境——图像验证

活动目标

了解图像验证的过程。

活动内容

这里是魔法森林的最深处了！小魔法师们马上就可以进入神秘之境了！

第 3 单元　魔法森林寻宝藏——体验验证码

活动 1　寻找小卫士

守护神秘之境的小卫士好像贪玩跑丢了,根据提供的照片,把小卫士找回来吧!

活动规则:

仔细观察小卫士的照片,只有成功找到小卫士才可以顺利通关。

游戏开始后不可以偷看小卫士的照片哦!

1. 请找到小卫士的眼睛,并圈画出来。

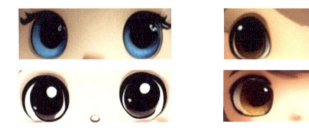

AI 奇妙探险：逻辑初启

2. 小卫士的头发是什么颜色的呢？请圈画出来。

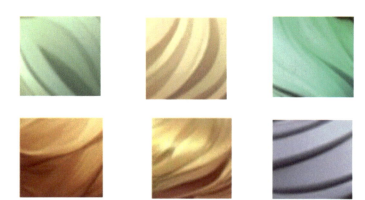

3. 小卫士头上戴的花朵是哪一个呢？请圈画出来。

全部答对就可以找到小卫士并召唤他啦！

第3单元 魔法森林寻宝藏——体验验证码

通过图像验证成功找到小卫士了，下面再帮助小卫士解答一道难题就可以到达神秘之境了。

活动 2 动物世界

活动规则：按照要求圈画出动物图片。

恭喜小魔法师们答对难题，快去神秘之境寻找智能宝藏吧！

AI 奇妙探险：逻辑初启

知识点总结拓展

> 本节课主要学习了验证码的完整性与安全性。
>
> 在公司、住宅小区或学校等场所，人脸识别门禁系统用于确认进入者的身份，只有经过验证的人员才能进入。

第3单元　魔法森林寻宝藏——体验验证码

第4课　探索智能宝藏——组合验证

活动目标

理解验证码的作用，锻炼观察能力及逻辑能力。

活动内容

这里就是藏着智能宝藏的神秘之境啦！

这是魔法宝箱，打开它就可以得到智能宝藏了。

AI 奇妙探险：逻辑初启

◆活动 ❶ 花丛迷宫

把花丛迷宫里的数字、字母全部找出来并写到下方括号中。

（　） （　） （　） （　） （　） （　）

第3单元　魔法森林寻宝藏——体验验证码

小魔法师们眼力不错，来试一试更有难度的表格迷宫吧。

‹活动 2› 表格迷宫

活动规则：请输入验证码完成身份验证。

验证码 ☐☐☐☐

神 mi 之 jing

难度升级，成功验证身份就可以打开宝箱了。

验证码 ☐☐☐☐☐

zhi 慧 wu jia 宝 zang

AI 奇妙探险：逻辑初启

输入验证码，宝箱发光了！

恭喜小魔法师们，打开了宝箱，让我们一起来看一看"智能宝藏"吧！

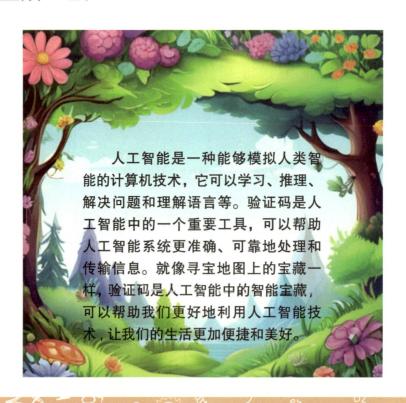

人工智能是一种能够模拟人类智能的计算机技术，它可以学习、推理、解决问题和理解语言等。验证码是人工智能中的一个重要工具，可以帮助人工智能系统更准确、可靠地处理和传输信息。就像寻宝地图上的宝藏一样，验证码是人工智能中的智能宝藏，可以帮助我们更好地利用人工智能技术，让我们的生活更加便捷和美好。

知识点总结拓展

　　本节课同学们认识了生活中常见的组合验证码,用于验证身份。

　　在生活中,想要打开和魔法宝箱相似的保险柜,除了使用钥匙或密码,还可能需要输入一个验证码来进行双重验证。这个验证码可能是随机生成的,只能使用一次,或者在一定时间内有效。

单元总结

通过本单元的学习，你对以下知识点掌握了多少呢？动手涂一涂吧！

课时	评价指标	星级指数
第1课 进入魔法森林—— 数字验证	成功完成数字计算了吗？	☆☆☆☆☆
第2课 遇见机器人朋友—— 汉字验证	成功找到所有汉字验证了吗？	☆☆☆☆☆
第3课 进入神秘之境—— 图像验证	成功找到小卫士并答对难题了吗？	☆☆☆☆☆
第4课 探索智能宝藏—— 组合验证	成功完成所有验证了吗？	☆☆☆☆☆

第 4 单元
压缩与解压缩

单元背景描述

在彩虹小镇，知识的宝藏如同彩虹般五彩斑斓，其中最为引人注目的便是那些隐藏在数字世界中的宝藏——数据。然而，这些数据宝藏并不是轻易可得到的，需要小朋友们掌握妥善保存和快速传递它们的方法。于是，一场充满奇幻与趣味的探索之旅就此展开。

AI 奇妙探险：逻辑初启

第1课　生活中的数字真奇妙——初识压缩

活动目标

1. 初识压缩，通过真实场景让学生对压缩的概念有直观而深刻的理解；

2. 了解压缩的作用。

活动内容

今天是小森第一次踏入学校，妈妈告诉他教室在教学楼第二层右手边楼梯的第5个教室。

小森按照妈妈的话，一步步向上走，到了二层。他找到楼梯后，忘记后面该如何走，急得快要哭出来了。

第 4 单元　压缩与解压缩

就在这时，老师走过来，询问完情况后，安慰小森并带他去寻找。

老师指着班牌和门牌说，你可以通过它们准确地找到班级。

AI 奇妙探险：逻辑初启

小森看着门上的数字"1""205"，一下就记住了，数字竟然能代表这么复杂的文字信息，这太神奇了！

这就叫作压缩，压缩是一种通过特定的编码技术减小数据占用空间的过程，同时保持数据的可还原性。

活动 1

学校要开趣味运动会啦。每人报1个项目，请你尝试用数字帮助大家来记忆名称，可以按照项目的分类进行编号，例如：个人球类项目编号为1、2……，集体球类项目01、02……

项目名称	数字代表
摸石头过河	
趣味接力赛	
抱球跑接力	
过河接力	
足球射门	

续表

项目名称	数字代表
螃蟹背西瓜	
踢毽子	
袋鼠跳	

知识点总结拓展

数字拥有神奇魔力,它可以将复杂信息(如电话号码、身份证等信息)简化为易懂的数字组合,它在日常生活中发挥着重要作用,简化了我们的生活。

AI 奇妙探险：逻辑初启

第 2 课　你来写我来猜——初识解压缩

活动目标

1. 通过探究编码表，初识解压缩；
2. 了解压缩的意义。

活动内容

欢迎来到"你来写我来猜"的游戏世界！

一起探索神秘的编码表，准备好了吗？出发吧！

人物	编码	地点	编码	事项	编码
小明	1	图书馆	01	跳绳	001
小红	2	教室	02	游泳	002
小丽	3	操场	03	吃午餐	003
小鹏	4	游泳馆	04	阅读绘本	004
小彤	5	食堂	05	上数学课	005

编码表中的每个词语都有一个对应的数字编码。小明要用编码表告诉小红他在操场跳绳。他找到了"人物"所对应的编码 1；"操场"对应的编码 03；"跳绳"对应的编码 001。

第4单元 压缩与解压缩

103001

小红拿到了编码 103001，在编码表上找到了对应的词语，编码"1"对应的词语是小明，"03"对应的是操场，"001"对应的是跳绳，原来是小明在操场跳绳。

《活动 1

小红把数字编码还原成原来的词语，这就是解压缩。解压缩像一个魔法，把神秘的数字代码变成我们都能看懂的词语，真神奇呀！

402005	301004
204002	505003

一起来玩"你来写我来猜"的游戏吧，可以把编码写到下面横线上。

AI 奇妙探险：逻辑初启

知识点总结拓展

　　通过深入探究编码表和体验解压缩过程，同学们可以更好地理解数据压缩的原理和实际应用，从而更有效地利用和管理数据资源。

　　在数据压缩和解压缩的过程中，编码表（也称为字典、码表或映射表）起着至关重要的作用。编码表是一种数据结构，用于将原始数据（如文本、图像或音频数据）中的元素映射到更短或更高效的表示上。这种映射过程减小了数据的占用空间，从而实现了压缩。

第3课　大家一起来剪纸——
体验压缩、解压缩的一般过程

活动目标

1. 通过剪切和展开，类比数据压缩与解压缩，加深学生对信息处理过程的理解；

2. 用活动引导学生思考数据的压缩与解压缩，提升解决问题能力。

活动内容

彩虹小镇举办庆祝活动，剪纸艺术家彩虹奶奶教大家剪纸，她的纸与剪刀仿佛拥有魔法，可以创造出绚丽的图案。

AI 奇妙探险：逻辑初启

剪纸就像我们生活中的一些记忆，有时候，我们需要把它们压缩、整理，然后再展开，让它们变得更加美丽。

彩虹奶奶选择了一张有图案的 A4 纸，她小心翼翼地把纸对折，再对折，一共对折 6 次，上面的图案变得更密集。这个纸包像我们生活中的压缩包，其中蕴含着一些故事。

小森展开纸包，图案重现，如同解压缩一样展现出生活中的一些记忆，让这些故事焕发光彩。

第 4 单元　压缩与解压缩

 欣赏与创作

小朋友们准备好了吗，我们一起来创作吧！

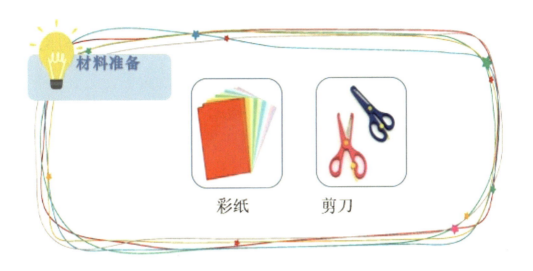

1. 模拟压缩

步骤 1：请你画一幅画，这幅画可以代表原始数据。

步骤 2：使用剪刀沿着画的轮廓进行剪裁，但留下一些关键部分（如线条的交点或图案的主要部分）未剪断。这个过程就像在压缩数据时去除冗余信息，同时保留关键信息。

步骤 3：将剪下的部分折叠或堆叠起来，以展示压缩后数据占用更少的空间。

2. 模拟解压缩

步骤 1：使用胶水将剪下的部分重新粘贴回原位置，恢复成原始图案。

AI 奇妙探险：逻辑初启

这个过程就像在解压缩数据时恢复原始数据的完整性和可读性。

步骤2：可以比较压缩前和解压缩后的数据（即剪纸作品），讨论两者之间的不同点及为什么压缩和解压缩在数据处理中很重要。

知识点总结拓展

通过剪纸，同学们理解了压缩与解压缩的概念。图案在剪裁过程中，通过去除多余部分并保留关键特征，实现了"压缩"，使其更加简洁和紧凑。而当需要时，通过简单地展开操作，就能恢复其原始形态，实现"解压缩"。这次体验不仅锻炼了动手能力，还让大家对数据处理中的压缩、解压缩技术有了更直观的认识。快来试试吧，看看你能剪出什么样的图案呢？

第4课 我的衣服有多大
——体验压缩、解压缩的一般过程

活动目标

1. 通过叠衣服体验压缩和解压缩的过程；
2. 培养整理能力。

活动内容

今天，我们将通过一场神奇的叠衣实践，学习如何像魔法师一样，将杂乱无章的空间变得井然有序。这不仅仅是衣物的堆叠，更是一次心灵与空间的对话，是压缩与解压缩的奇妙旅程。

AI 奇妙探险：逻辑初启

哎呀，我家的衣柜好乱呀！我们通过下面的游戏一起来学习怎么整理衣服吧！

活动 1　连一连

整洁带来快乐，混乱带来烦恼。

叠衣服就像施展魔法，可以让衣物变得整整齐齐！

「活动 2 填一填

叠衣服的第一步是（　　），第二步是（　　），最后一步是（　　）。

我们来玩一个压缩大挑战，看看谁能把衣物压缩得很薄！

「活动 3 想一想

压缩衣服的时候，我们应该怎么做呢？

AI 奇妙探险：逻辑初启

〈活动 4 试一试

1. 准备真空压缩袋。

2. 将衣物放在真空压缩袋中。

3. 使用真空泵或手动抽气泵将真空压缩袋内的空气抽出。

4. 密封保存：当真空压缩袋内的空气被抽干后，迅速密封真空压缩袋口部，以确保衣物保持压缩状态。

  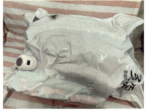 

现在，我们都是整理小达人啦！衣柜变得好整齐啊！

第 4 单元　压缩与解压缩

‹ 活动 5　记一记

　　压缩、解压缩给我们的生活带来哪些好处呢？

　　压缩衣物会节省空间：真空压缩袋通过抽走袋内的空气，使原本蓬松的衣物的体积大幅减小，从而节省存储空间。压缩后的衣物形状规整，便于堆叠和整理，使存储空间看起来更加整洁有序。

　　解压缩衣物：当需要使用被压缩的衣物时，只需打开压缩袋的密封口，衣物即可迅速恢复原状，无须长时间等待或特殊处理。高质量的真空压缩袋在解压缩后，衣物能够保持原有的形状和质感，不会因压缩过程而变形或损坏。

AI 奇妙探险：逻辑初启

知识点总结拓展

　　压缩就像是给衣服施了个缩小魔法，让它们变小，能够轻松塞进小箱子里，旅行时再也不怕箱子装不下啦！而解压缩呢，就像给衣服吹了口气，它们"嘭"地一下就变回了原来的样子，你可以马上穿上它们去玩耍啦！这真是一场奇妙的魔术表演。

　　通过叠衣活动，我们不仅学会了如何将衣物有序地折叠和存放，还拥有了空间管理的能力。通过合理的规划和组织，我们可以更有效地利用有限的空间资源。

　　除物理空间的压缩外，数字世界中也存在压缩与解压缩的应用。例如，图片、视频、音频文件等都可以通过特定的算法进行压缩，以减小文件大小，便于网络传输和存储。

第 4 单元　压缩与解压缩

单元总结

通过本单元的学习，你对以下知识掌握了多少呢？动手涂一涂吧！

课时	评价指标	星级指数
第 1 课 生活中的数字真奇妙——初识压缩	你成功为运动会的项目编号了吗？	☆☆☆☆☆
第 2 课 你来写我来猜——初识解压缩	你能根据编码成功读取信息吗？	☆☆☆☆☆
第 3 课 大家一起来剪纸——体验压缩、解压缩的一般过程	你模拟压缩和解压缩成功了吗？	☆☆☆☆☆
第 4 课 我的衣服有多大——体验压缩、解压缩的一般过程	你的衣柜收拾整齐了吗？	☆☆☆☆☆